Émile Pouget

Les
Lois Scélérates
de 1893-1894

essai

ISBN : 978-1530762514

10 9 8 7 6 5 4 3 2 1

Émile Pouget

Les
Lois Scélérates
de 1893-1894

essai

Table de Matières

Les Lois Scélérates de 1893-1894

L'application des Lois d'exception de 1893-1894.

Un léger frisson troubla la quiétude des majorités, d'ordinaire si sereine d'inconscience, le jour où les «lois scélérates» furent inscrites dans le Code.

Mais bientôt chacun, dans son for intérieur, se morigéna et, afin de n'avoir pas à s'indigner de tout l'arbitraire que ces lois nouvelles faisaient prévoir, se fit une raison :

«A quoi bon s›effrayer ? Les lois scélérates étaient un tonnerre de parade. On allait reléguer ça dans le magasin aux accessoires légaux et elles ne seraient guère qu›un croquemitaine pour grands enfants... croquemitaine d›apparence rébarbative, mais en réalité bénin, — bonne pâte, carton-pâte.»

Les faits ont formellement démenti cet optimisme hypocrite: les lois scélérates ont été appliquées, — le sont encore. Pour l'établir, il me suffira de résumer les condamnations prononcées depuis quatre ans.

On peut lire plus haut l'historique et exposé le mécanisme des Lois scélérates : celle du 12 décembre 1893 contre la presse ; celle du 18 du même mois, sur les associations de malfaiteurs, qui atteint l'individu dans ses relations ; celle du 28 juillet 1894, sur les menaces anarchistes, qui frappe l'isolé assez imprudent pour rêver tout haut, et qui ajoute la relégation au châtiment principal.

L'acte d'Étiévant, directement provoqué par cette loi de relégation, suffirait seul à la condamner.

Étiévant sortait de prison : il écrivit un article, saisi en manuscrit aux bureaux du Libertaire, au cours d›une perquisition. Cet article, M. Bertulus en prit connaissance et !e rendit aux rédacteurs du Libertaire avec une moue mi-aimable, mi-dédaigneuse : «Ce n›est pas si raide que cela !...» L›article parut (n›avait-il pas l›estampille du juge d›instruction ?) et le même juge d›instruction poursuivit.

En police correctionnelle Étiévant fut condamné, par défaut, à cinq ans de prison, plus la relégation. Ceci on en conviendra, ne manquait pas de «raideur». Cette peine de la relégation fut infligée à l'accusé sous prétexte que sa condamnation de 1892 l'en rendait passible..., en vertu de la loi de juillet 1894.

Un point de droit absolu est que les lois n'ont pas d'effet rétroactif. Donc, strictement, Étiévant n'était pas reléguable.

On sait le reste : l'exaspération du condamné, son acte, son arrestation...

Est-il absurde de conclure que si les juges d'Étiévant s'étaient bornés à la simple application de la loi — déjà si draconienne ! — leur victime n'eut pas été incitée... à sortir de la vie en faisant claquer les portes ?

Ces magistrats n'ont d'ailleurs pas seuls renchéri sur le texte légal. Bien d'autres ont dédaigné le principe de non-rétroactivité, et nous les verrons à l'œuvre.

A peine la loi sur les associations de malfaiteurs était-elle promulguée que le parquet d'Angers, fin décembre 1893, faisait procéder à une quarantaine de perquisitions et d'arrestatations pour aboutir, fin mai 1894, à poursuivre pour entente une demi-douzaine d'individus, accolés au hasard des malechances.

De ces six, qui subirent le baptême de la loi sur les associations de malfaiteurs, deux furent acquittés (Mercier et Guénier) et quatre, condamnés : Meunier, à sept ans de travaux forcés et dix ans d'interdiction de séjour ; Chevry, à cinq ans de travaux forcés et dix ans d'interdiction de séjour ; Fouquet (1), à deux ans de prison ; Philippe, à cinq ans de prison avec application de la loi Bérenger.

De charge contre ces hommes, — aucune, absolument aucune. L'acte d'accusation, qui serait à publier en entier, est un monument de sottise.

Une des plus grosses charges sur lesquelles le Laubardemont angevin insiste, est l'organisation d'une soirée familiale publique où l'on dansa chanta, prononça de violents discours... Tellement violents que le commissaire de police, présent à cette réunion, du début à la fin, ne fut en rien offusqué : il fit son rapport coutumier et aucun des orateurs ne fut inquiété. Mieux encore : cette soirée familiale avait eu lieu le 15 octobre 1893, deux mois avant la loi de décembre, et c'est au mépris de la non-rétroactivité qu'elle allait devenir une preuve d'association de malfaiteurs.

«Vous assistiez à la soirée familiale !» dit gravement l'acte d›accusation à Mercier, Chevry et autres. A Philippe, il reproche d›avoir loué le local où se tint cette réunion et de l›avoir pittoresquement décoré : aux murs, des dessins et des allégories, au plafond, une marmite transformée en quinquet à pétrole.

C'est lui qui a organisé les fêtes familiales. On a trouvé chez lui la photographie de Ravachol ; on y a également trouvé des chansons anarchistes collées sur carton, destinées à être suspendues le long des murs pendant les réunions...

A la date du 15 février 1894, on a saisi à la poste d'Angers, avec l'adresse de Philippe, un paquet d'une vingtaine de placards...

Philippe étant sous les verrous, le juge d'instruction s'empara du paquet. Le vrai destinataire en eût-il pris livraison qu'il n'en découlerait pas qu'il fît partie d'une association de malfaiteurs, — et il n'avait rien reçu !

C'est tout ce que l'accusation lui reproche.

Contre Chevry, moins encore : le 22 décembre au soir, la police l'arrête et le trouve porteur de placards anarchistes, d'un pot à colle et d'un pinceau ; il est remis en liberté et ce n'est que plus tard qu'on l'incrimine de ces chefs. L'acte d'accusation est catégorique.

Aucun fait nouveau n'a été relevé contre lui depuis la tentative d'affichage du 22 décembre dernier, mais il est certain qu'il était un des habitués des réunions tenues chez Philippe...

Cela, et rien autre ! a été suffisant pour que l'on condamnât ce malheureux à cinq ans de travaux forcés.

Contre Meunier, le plus rigoureusement frappé, — sept ans de bagne ! — les charges sont aussi peu sérieuses. Je cite toujours l'acte d'accusation :

Meunier s'est trouvé compris dans l'information suivie à Angers à la suite de la lettre écrite par lui de Brest a Mercier (l'un des acquittés le 31 décembre dernier. Il avait à Angers, depuis longtemps, la plus détestable réputation.

Des renseignements recueillis sur ses antécédents, ses propos déclamatoires et la correspondance saisie au domicile de ses parents le représentent comme un esprit mauvais, dévoyé, ennemi par principe de toute autorité, dénué de sens moral, imbu des idées les plus fausses sur tout ce qui touche à l'organisation de la famille et de la société. Il suffit de se rendre un compte exact de ses aspirations, de lire ses sommaires proposés pour ses conférences...

Mais il y a la lettre, qui l'a fait impliquer dans le procès. La voici textuelle :

31 décembre 1893.

Mon cher ami,

Dès que je pourrai, j'enverrai le reste de ce qui est du à la propriétaire du panier. Ici comme chez toi le travail va peu ou point. C'est vrai que nous sommes dans la mauvaise saison. Rien de neuf ultérieurement, si ce n'est que j'ai depuis une quinzaine de jours d'affreux maux de dents. Le bal qui devait avoir lieu le 25 courant a raté ; et pour cause. Pas de perquisitions à Brest aujourd'hui, c'est vrai qu'il n'y a point lieu d'en faire. Mais ces messieurs sont si heureux de visiter nos logements qu'ils pourraient bien plus tard... Enfin, on verra bien. Un bécot à M.-A., un bécot de nouvel an, ainsi qu'aux amis. Cordiale et vigoureuse poignée de main aux copains.

MEUNIER.

C'est tout.

Seulement, ce que l'acte d'accusation ne dit pas, c'est la rancune des industriels de la région contre Meunier :

Établi à Angers au commencement de 1893, il avait pendant tout le cours de la grève des tisseurs (en août 1893) entretenu par sa parole ardente le zèle des grévistes...

Voilà son vrai crime. Et si Meunier est aujourd'hui à Cayenne, c'est uniquement pour sa participation active à la grève de 1893, — l'association de malfaiteurs n'a été que l'hypocrite prétexte légal...

Autant peut d'ailleurs s'affirmer de tous : en Philippe et en Chevry, ce sont les propagandistes que l'on a frappés,

Contre Fouquet, soldat à Versailles, l'accusation relève une unique lettre, écrite à Guénin, où en termes peu académiques il disait son dégoût de la caserne. Et c'est cette lettre, saisie à la poste, qui fit comprendre dans le procès Fouquet et Guénier.

Quels rapports, quelle entente y a-t-il entre les six inculpés ?

L'acte d'accusation reste muet. Il nous apprend bien que Meunier, domicilié à Brest, a écrit à Mercier ; que Fouquet, soldat à Versailles, a écrit à Guénier ; que Chevry a été vu sortant de chez Philippe, — mais il ne nous dit pas quels liens relient ces trois couples et les rendent complices.

Des débats, moins à dire. Ils furent le délayage de l'acte d'accusation. A noter simplement l'argumentation du procureur général concernant Philippe : «Il appartient à une famille très honorable ; c'est un ouvrier modèle et un homme extrêmement bon..., et par cela même plus dangereux.» Tenant compte de ses bons antécédents, la Cour condamna Philippe à cinq de prison, avec application de la loi de sursis. L'application de la peine fut suspendue — sur sa tête. Dès lors, il vécut avec la continuelle perspective de la maison centrale, à la moindre peccadille. Ce danger ne calma pas son ardeur : avec le même brio il continua à vulgariser ses idées et, pendant trois ans et demi, réussit à éviter tout écueil légal.

Et ce, jusqu'au jour où, Roubaix, en sa qualité de gérant de la Cravache, un Journal anarchiste de la région, il fut poursuivi, devant la Cour de Lille, pour diffamation, par un grand industriel, M. Wibaux-Florin.

D'habitude, les procès semblables se bouclent par une amende octroyée au diffamateur. Il n'en a pas été de même pour Philippe : avec une âpre insistance, l'avocat général réclama une peine corporelle, afin que fussent rendus exécutoires, les cinq ans de prison suspendus depuis 1894. Le tribunal acquiesça et condamna l'inculpé à un mois de prison.

Toute surprise étant inadmissible, les juges ont voulu que leur verdict fût ce qu'il est: une condamnation pour un article de journal prétendu diffamatoire, à cinq ans et un mois de prison.

En même temps que. fixant l'attention de tous, se déroulait à Paris le procès des Trente, à Dijon, dans une indifférence complète, la même arme légale faisait des victimes.

Gabriel Monod, un exubérant, un bonasse, tenait à Dijon boutique de fripier et lui et sa boutique s'étaient acquis une quasi-célébrité. Aux clients, Monod, dédaigneux du commerce, expliquait ses théories et démontrait ce que sa profession aurait d'absurde dans une société équilibrée. C'est chez lui qu'était déposé le drapeau noir du groupe anarchiste dijonnais — et maintes fois le drapeau fut sorti de sa gaine et accroché à la devanture de la friperie. Avec un intarissable flot de paroles, Monod aimait raconter comment un jour il berna la police : en perquisitionnant chez lui, sous un quelconque prétexte, les policiers découvrirent dans le fond d'un placard une boîte soudée, donc suspecte, avec l'inscription révélatrice «dynamite». L'inscription, plus suspecte que la boîte, eût dû donner l'éveil ; pourtant avec d'inouïes précautions, «l'engin » fut déménagé et quelques courageux spécialistes, s'abritant derrière d'énormes blindages, l'ouvrirent à l'aide de tenailles de longueur démesurée : il contenait... n'insistons pas.

En tout cela, jusqu'à la mort de Carnot, les magistrats dijonnais n'avaient pas trouvé motifs à incriminer Monod.

Ce jour-là, le fripier était installé dans un café à femmes où l'avait conduit un louche personnage, Quesnel. On buvait. Quesnel déblatérait, ponctuant son verbiage de grands gestes, et, haussant de plus en plus le ton, il approuvait les actes de l'un, blâmait ceux de tel autre, faisant des prédictions sinistres, ne s'arrêtant que pour s'humecter le gosier. Monod, bouche bée, écoutait le braillard avec béatitude. Après deux longues heures de station dans cet établissement, les deux amis se quittèrent. Arrivé chez lui, Monod trouva un agent qui lui enjoignit de se rendre chez le commissaire du quartier. Là, on lui annonça sa mise en état d'arrestation pour «apologie de faits qualifiés crimes». Le pauvre naïf jura qu'il n'avait rien dit : on ne tint aucun compte de ses protestations : il fut incarcéré. Quesnel était arrêté le soir même. Voilà, dans leur exactitude, les faits qui ont jeté Monod au bagne ; on les retrouve dans l'acte d'accusation, avec le grossissement coutumier :

Le 25 juin dernier, vers huit heures du matin, au moment où la nouvelle de l'assassinat du président de la République se répandait a Dijon... Monod et Quesnel se trouvaient au café Faivre. Ils ne dissimulaient pas leur joie et disaient vouloir fêter, par de copieuses libations, l'attentat qui venait d'être commis. Quesnel, élevant la voix, se mit à crier : «Carnot est crevé ! Il est bien. Il n'a pas assez souffert avant de crever ! Or devrait en faire autant à tous ceux qui lui succéderont. — Tu as raison. répliqua Monod. et pour le prouver nous allons nous saouler aujourd'hui.» A ces mots, il leva son verre, puis se mit à déblatérer contre la propriété et contre l'armée et, se retournant vers deux soldats assis à une table voisine : «Vos officiers sont des lâches, des crève-de-faim et des crapules. les soldats ne devraient pas leur obéir et, en cas de guerre, se révolter contre eux et refuser de marcher.»

Un peu plus loin, l'acte d'accusation précise que «ces propos constituent l'apologie du crime et du meurtre, la provocation des militaires à la désobéissance et une provocation directe à l'assassinat». Fort bien. Mais cela ne nous donne pas l'association de malfaiteurs ? — Comment ! va dire l'acte d'accusation, Monod pérorait journellement dans les cafés, et vous doutez qu'il soit un malfaiteur ?

Monot (depuis la loi du 19 décembre 93) a continué à être tous les jours en relations étroites avec les anarchistes militants de Dijon, ne cessant d'exposer dans les cafés qu'il fréquentait ses théories subversives et continuant à recevoir les journaux fondés en France ou à l'étranger pour les soutenir...

Quels sont et où sont ces anarchistes militants avec qui le pauvre diable était en relations ? L'accusation a oublié de le spécifier ; c'était pourtant utile. Prétendre que ces « relations » constituent l'association des malfaiteurs est insuffisant. Pourquoi n'avoir pas montré et prouvé ces fameuses «relations» ?

Gaillard, le troisième accusé de ce procès, peut difficilement passer pour «l'associé» de Monod ; il se borna à vouloir acheter à sa boutique de friperie un ruban «bien rouge» pour porter le deuil de Carnot :

Vers huit heures et demie du matin, Gaillard se rendait au domicile de Monod et demandait à la concubine de celui-ci de lui donner un grand crêpe bien rouge pour fêter, disait-il, la mort du président de la République ; puis on le vit danser dans la rue en criant : «Carnot est crevé. il est bien !»

Reste le second accusé, Quesnel, le personnage qui paya à boire à Monod et entraîna son arrestation. Quelle fut exactement sa besogne dans ce procès ?

Son défenseur va nous édifier ; au cours de sa plaidoirie, Me Jacquier prononça les graves paroles suivantes, que son client ne désavoua, ni sur le moment, ni plus tard :

Vous dites, monsieur l'avocat général, que mon client est un dangereux anarchiste. Mais regardez donc à telle cote du dossier, vous y trouverez une note de M. Agneli, commissaire de police à Lyon, affirmant avoir donné de l'argent à Quesnel pour l'avoir aidé à arrêter un compagnon et avoir entamé des relations avec lui pour le faire entrer dans la police de sûreté politique. Quesnel n'a point refusé ces offres ; il a demandé à consulter sa famille. Mais celle-ci riche à 250.000 francs, jugeant sans doute peu honorable la profession d'agent de la sûreté, l'a engagé à refuser.

Ceci éclaire le procès d'un jour nouveau : Monod n'est pas que tombé dans un traquenard légal, il a d'abord glissé dans un piège policier.

Naturellement, l'acte d'accusation est catégorique sur les relations de Monod et de Quesnel : ces deux-là sont réellement associés, — entre eux il y a bien association de malfaiteurs.

Les détails relevés par l'information en ce qui concerne Quesnel fournissent une nouvelle preuve du rôle joué jusqu'à ces derniers temps par Monod. Il est reconnu en effet par cet accusé que, lorsqu'il est arrivé à Dijon. trois mois avant le commencement des poursuites, il a été amené le jour même chez Monod. Il était recommandé, dit-il, par un compagnon dont il n'a pu indiquer le nom. Aussitôt l'intimité la plus grande s'établit entre lui et Monod.

En dernier lieu, il faisait, de concert avec d'autres, des démarches pour fonder un journal qui, de leur aveu, devait avec des formes moins violentes, continuer l'œuvre commencée dans la Mistoufe (2). On a saisi au domicile de Quesnel une lettre écrite le 12 juin 1894, de Paris par un individu qui signe: «Le secrétaire de la correspondance générale», signalant «la stérilité probable d'une propagande ambiguë atténuée surtout en province».

J'ai cité, au long, ce passage de l'acte d'accusation, concernant les relations de Quesnel avec Monod, car il y a là la preuve que, ceci même, où l'amorçage est évident, le parquet n'a trouvé à incriminer que le projet de création d'un journal, d'un journal qui resta à l'état de rêve.

Quant à ce secrétaire de la correspondance générale, donneur de conseils, ceux qui savent combien les anarchistes répugnent à tout ce qui est paperasserie, le tiendront pour un personnage au moins aussi louche que Quesnel.

Après d'insignifiants débats, les trois accusés furent déclarés coupables par le jury ; Gaillard et Quesnel bénéficièrent seuls des circonstances atténuantes. Les quelques paroles de Gaillard et son désir de s'endeuiller de rouge lui valurent deux ans de prison. Quant à Quesnel, ses antécédents policiers ne lui évitèrent pas trois ans de prison. Ceci pourra étonner. On s'imagine que le contact policier protège des foudres judiciaires. C'est un piètre préservatif. Quesnel n'est pas le premier qui se soit trouvé en semblable posture et à qui les magistrats aient été impitoyables. Magistrature et police ont des relations plutôt fraîches et, souvent, cette rancune sourde à fait tomber de durs verdicts sur des serviteurs louches de la police. En tel cas, les chefs de ces peu intéressantes «victimes» n'ont qu'une ressource : recommander chaudement leur agent aux services pénitentiaires ; et ces recommandations portent leurs fruits: la «victime» est choyée et pourvue d'un poste qui en fait un mouchard de prison.

Le pauvre Monod paya cher son imprudente camaraderie : la Cour lui infligea cinq ans de travaux forcés et la relégation (3). Pourquoi la relégation ? Quand il fut frappé, trois semaines ne s'étaient pas écoulées depuis la promulgation de la loi de juillet stipulant que, pour délits anarchistes, tout condamné à plus d'un an de prison serait relégable à une deuxième condamnation. Donc, quoique Monod eût à son actif une peine antérieure, régulièrement la loi nouvelle ne pouvait l'atteindre.

Jusqu'ici nous n'avons vu incriminer d'affiliation à une association de malfaiteurs que des propagandistes, ou des gens tenus pour tels. Ce crime de désirer un avenir meilleur, ceux-là l'ont payé du bagne.

Mais, que dire du verdict rendu par la Cour d'assises de Laon, le 15 novembre 1894 ? Là, au lieu de militants, les victimes furent deux malheureux diables, pris dans l'engrenage de la misère et ballottés, dès leur jeune âge, de prison en asile de nuit.

Le 13 juillet 1894, à 7 heures du matin, le commissaire spécial de police remarquait à la gare de Laon un gueux «d'allures suspectes», nu-pieds, misérablement vêtu. Interpellé, il déclara se nommer Lardaux, 21 ans, sorti la veille de la prison de Laon. On l'arrêta et, en le fouillant, on découvrit ce qui lui donnait «l'allure suspecte».

Il fut trouvé porteur, dit l'acte d'accusation, de différents papiers parmi lesquels on découvrit une sorte d'alphabet de convention, dit alphabet islandais, et une enveloppe de lettre sur laquelle étaient inscrites différentes indications paraissant se rapporter à des formules chimiques. Un premier examen de ces formules, opéré par le Directeur de la Station agronomique de l'Aisne, ne laissa aucun doute sur leur nature. et on acquit la certitude qu'on avait entre les mains une formule d'explosifs.

Découverte précieuse ! L'imagination des policiers chevaucha : évidemment, ils tenaient le fil d'un vaste complot. Sans tarder, les détenus de la prison de Laon furent fouillés et sur l'un, Vautier, on trouva les objets suivants:

Un carnet contenant des pièces de vers, des adresses, des chansons anarchistes. L'une des feuilles était couverte de chiffres paraissant à première vue être des calculs. Mais, en se reportant à la première page du carnet, on découvrit la clef d'un alphabet chiffré et il fut facile de se convaincre que ces prétendus calculs n'étaient autre chose que des formules chimiques analogues à celles que possédait Lardaux. Vautier était en outre détenteur de deux feuilles de papier ; sur l'une était le croquis d'une bombe et en marge l'indication de la manière, de la fabriquer et de la charger. L'autre feuille contenait quelques renseignements sur la composition et la nature de l'explosif à charger une bombe.

Convenablement cuisiné, le pauvre Lardaux avoua tout ce qu'on voulut. La terrifique formule d'explosif, il se l'était procurée pour se venger de son beau-père, qui, voulant se débarrasser de lui, affirmait-il, l'avait fait enfermer deux ans et demi dans une maison de correction. Depuis il n'avait pu se remettre à flot et il restait submergé sous une demi-douzaine de condamnations, toutes pour peccadilles de misère.

L'instruction se préoccupa d'abord de faire déterminer la valeur des formules chimiques trouvées sur Lardaux et Vautier. M. Girard, le chef du Laboratoire municipal de Paris, fut chargé de l'expertise. Il prit dans son tiroir son rapport coutumier et il le servit aux magistrats de Laon :

Les différentes formules permettent de préparer des engins explosifs d'une grande puissance... Il y a l'indication d'un engin dangereux, d'une force considérable suffisante cour donner la mort à plusieurs personnes et causer de grands dégâts à l'immeuble où il serait placé... Les substances gui le composent et toutes les indications et les préparations qui figurent en marge du croquis constituent la plancastite de Turpin, substance douée d'une puissance considérable et donnant naissance à des gaz délétères et asphyxiants... Il y a l'énumération des produits employés comme amorces et détonateurs, et les corps indiqués comme produisant l'asphyxie sont tous des poisons extrêmement violents...

A en croire M. Girard, Lardaux et Vautier seraient de petits Turpins. Or, l'acte d'accusation déclare Lardaux «d'une intelligence ordinaire, sans instruction et ne possédant aucune notion de chimie.» D'où, logiquement, impossibilité pour lui d'utiliser les formules dont il fut trouvé porteur. Le rapport de M. Girard se trouve ainsi remis au point par l'acte d'accusation lui-même.

Et Lardaux est réellement un pauvre d'esprit. L'acte d'accusation a encore exagéré son degré d'intelligence. Le médecin légiste, tout en concluant à sa responsabilité le déclare «bizarre d'allures et de maintien». Ses codétenus n'avaient pas meilleure opinion de sa cérébralité ; le pauvre diable s'en confessait sottement en un interrogatoire: «On vous a dit que je n'ai pas tout mon bon sens. C'est-à-dire que j'ai eu la fièvre typhoïde et, à cause de cela. on m'a tourné en dérision, donné des sobriquets. Par exemple, ils étaient toujours à me dire: Qui a le marteau ? C'est Lardaux !...» Et chez le malheureux perçait la rancœur de ces familiarités irrévérencieuses ; il ne concevait pas pourquoi on le supposait affligé du «coup de marteau», lui avait en haute estime sa valeur intellectuelle.

C'est pour ce nigaud, hanté par l'idée falote de se venger de son beau-père, que Vautier copia des «formules chimiques». Quelles notions de chimie avait celui-ci ? Du silence de l'accusation on peut conclure à zéro. D'ailleurs, Vautier n'attachait qu'une minime importance à ces «formules». A un détenu qui assistait à ses papotages avec Lardaux, — car, ses «leçons de chimie», Vautier les donnait à son codétenu dans les préaux de la prison, — à ce tiers qui lui faisait observer combien ces gamineries étaient imprudentes, Vautier répondit: «C'est un imbécile ! Il m'ennuie pour que je lui copie ça !...»

Ces billevesées, les magistrats les prirent très au sérieux et y virent l'association de malfaiteurs.

Émile Pouget

Vautier fut condamné à huit ans de travaux forcés, Lardaux cinq ans de réclusion et tous deux, leur peine terminée, seront relégués.

La loi sur les associations de malfaiteurs n'a pas été seule mise en vigueur : l'a été aussi la loi du 8 juillet 1894.

Une de ses premières victimes fut Paul Bury qu'en décembre 1894, pour simple délit de paroles, le tribunal correctionnel de Lille condamna à 13 mois de prison et à la relégation. Le malheureux est actuellement à la Nouvelle-Calédonie, section mobile de la baie de Prony.

Le délit qui lui fut reproché était minime : il avait en octobre 94, pris la parole à une réunion socialiste tenue à Tourcoing ; dans le peu de mots qu'il prononça, le commissaire de police releva quantité de délits et fit arrêter Bury à la sortie de la salle.

C'est uniquement pour ce discours que Paul Bury a été relégué.

La pauvre diable, qui avait déjà été condamné, eut toujours la malechance de déplaire aux magistrats et de se les rendre implacables.

En 1883, en épilogue au procès qui suivit la manifestation de l'Esplanade des Invalides, à Paris, les anarchistes roubaisiens organisèrent une manifestation pour protester contre le verdict du jury de la Seine. Bury était au nombre des manifestants, porteur d'un drapeau rouge ; il fut arrêté et condamné, pour port d'emblème séditieux, à un an de prison. Il avait alors dix-huit ans.

Quand son heure fut venue d'aller à la caserne, on inscrivit sur son livret militaire : «Condamné pour vol», et on l'expédia en Afrique, de là au Tonkin. Il en revint fiévreux et l'intelligence affaiblie. Un jour, dans un accès de fièvre, il prit à un passant sa montre. Pour ce délit, — en somme excusable étant donné son état maladif et qui, à un pick-pocket de profession, aurait valu au maximum quelques mois, Bury fut condamné à trois ans de prison.

Si j'ai rappelé les antécédents de Bury, c'est pour souligner que ses juges lui furent toujours implacables, et que, loin de le frapper pour les seuls délits en cause, ils tinrent toujours compte dans l'application de la peine de ses convictions anarchistes.

A son dernier procès, pour délit de paroles, l'avocat général qui requérait insista pour une condamnation sévère et, à bout d'arguments, affirma que la mère de Bury le verrait reléguer avec plaisir.

Cette allégation était un mensonge. La pauvre mère n'a cessé de protester contre l'odieux des sentiments que lui attribuait ce magistrat. Aussitôt après le vote de la loi d'amnistie, en janvier 1895, elle écrivit au garde des sceaux, fit démarches sur démarches, frappa à la porte de tous les «hommes influents», M. le sénateur Scrépel entre autres, réclamant la mise en liberté de son fils Protestations, lettres, suppliques, démarches, tout fut inutile.

Et, huit mois après l'amnistie, en novembre 1895, Bury ne sortait de la maison centrale de Béthune que pour être embarqué à destination de la Nouvelle-Calédonie.

D'un paquet de lettres, qui sont le meilleur démenti à opposer aux calomnies de l'avocat général de Lille, j'extrais les quelques passages suivants :

Calédonie, le 9 janvier 1897.

Chère mère,

. . . Que nous apportera l'année nouvelle ? Je l'ignore, mais je suis persuadé qu'elle sera moins terrible que la précédente ; je la passerai tout entière loin de toi, peut-être, mais je suis habitué à la souffrance. Je puis supporter sans trembler ni faiblir tout ce qui se présentera : les années d'exil et de souffrance ne seront rien pour moi si j'ai le bonheur de te revoir un jour...

Ce que je désire le plus c'est le sommeil ; lorsque je dors j'oublie tout: les beaux jours passés, la vie du bagne où je suis actuellement, — car, entre nous et les «travaux forcés» ce qui diffère c'est l'habit, le reste est le même !

Oui, mère, pour avoir parlé 16 minutes je suis traité plus durement que

D... qui, je crois, a frappé son père de dix-sept coups de couteau. Moi, relégué, j'envie parfois le sort du forçat ! D'autres fois, l'espoir me revient, je vois tout en rose, l'abrogation de cette loi d'exception qui pour quelques paroles nous tient séparés. . .

Calédonie, 27 juin 1897.

Chère mère,

. . . Tu me dis que tu ne m'abandonneras jamais dans mon malheur ; j'en ai la certitude, et c'est ce qui me rend patient...

Parfois je réfléchis au passé, au présent. Je suis content d'avoir fait

Émile Pouget

tout ce que j'ai fait : j'ai toujours travaillé pour le bien, j'ai fait mon devoir comme un être humain doit le faire, j'ai été condamné à la relégation par des gens qui ne me connaissaient pas...

Sais-tu combien je devrai faire de kilomètres pour payer les cinq sous du timbre-poste ? Soixante ! Car, pour gagner un sou, il faut travailler quatre heures et en quatre heures on fait douze kilomètres, dont moitié chargé de bois. . .

Calédonie, le 11 juillet 1897.

Mon cher Pierre,

. . . Dans le cas où tu jugerais que j'ai encore des années à passer loin de vous, je le prierai de voir s'il n'y aurait pas possibilité de m'envoyer 80 francs (moitié de ce que l'on reçoit est mis en réserve), il me serait accordé par conséquent 40 francs de disponibles et cette somme est exigée pour obtenir une permission de quatre jours à Nouméa. Allant à Nouméa je pourrais trouver un patron qui m'engagerait et sortir de la relégation collective, qui n'est purement et simplement que le bagne, ainsi que je vous l'ai déjà dit... Il y a une grande différence entre la relégation collective et l'individuelle.

Vous plaignez le forçat, vous autres qui avez des sentiments humains ; moi j'envie son sort, car si j'étais au bagne, je saurais que je serai libre un jour et ici je ne sais rien, car c'est le bagne perpétuel — pour le pauvre du moins qui n'a en perspective que la mort lente par l'anémie, ou la mort violente. . .

Calédonie, le 18 septembre 1897.

Chère mère,

. . . Si je l'obtenais (la relégation individuelle), en travaillant librement dans la colonie je pourrais t'aider ; il y a des mines, et quoique n'étant pas mineur, je pourrais gagner largement pour moi, sinon pour nous deux. Puis je serais dégagé de la solidarité de la réclusion collective.

Comme je te l'ai déjà dit, j'ai une fois fait trente jours de cellule, cinq jours de prévention, puis sept jours de cachot à bord, pour une soi-disant mutinerie. L'on n'avait rien à me reprocher, mais ma réputation et le motif de ma condamnation me valurent cela...

Paul Bury.

Les Lois Scélérates de 1893-1894

Quand furent votées les lois scélérates, le ministère Dupuy argua de la pénurie répressive du Code. Il plaidait le faux à plaisir pour enlever le vote, car dans le Code, tel il était avant le remaniement de 1894, un juge d'instruction retors pouvait facilement puiser toutes les condamnations. Cyvoct, condamné à mort en 1884, — pour un article qu'il n'avait pas écrit, publié dans un journal dont il n'était pas le gérant — en vertu de l'article 60 du Code Pénal, en est une effrayante preuve. Grâce à cet article 60, on peut être englobé dans un procès quelconque, sous prétexte de complicité, d'artifices coupables et autres billevesées qu'un magistrat n'a pas besoin de démontrer, qu'il lui suffit de soupçonner. Et l'article 60 n'est pas le seul traquenard.

Liard-Courtois expie, à la Guyane, une peccadille que, journellement, tout le monde commet, capitalistes et prolétaires, ministres et miséreux. Qui de nous n'a pas changé de nom quelques dizaines de fois ? A qui n'est-il arrivé, pour des raisons graves ou gaies, de signer d'un nom autre que le familial, le registre d'hôtel ? Cette vétille, changer de nom a coûté à Liard-Courtois cinq ans de travaux forcés.

Voici les faits :

En 1892, Courtois, poursuivi pour délits de paroles en réunions publiques à Reims et à Nantes, fut, par défaut, en vertu de la loi sur la presse de 1881, condamné à deux fois deux ans de prison.

Courtois se réfugia en Angleterre, d'où il émigra vite dans le Midi de la France. Continuer à s'appeler «Courtois» était scabreux : les réunions l'attiraient et une fois dans la salle il prenait la parole, s'exprimant en termes que les magistrats tenaient souvent pour malséants et provocateurs.

Le contumace prit le nom d'un de ses amis, un orphelin. élevé par l'Assistance publique, anarchiste comme lui, et mort depuis six mois sans laisser de parenté connue ; Courtois fit peau neuve en endossant le nom de «Liard».

Le stratagème lui réussit dix-huit mois ; entre temps, le nouveau Liard eut quelques démêlés avec la justice, fit une demi-douzaine de mois de prison, mais sa vraie personnalité ne fut pas soupçonnée : il resta Liard pour tout le monde. Une dénonciation mit les magistrats sur la piste : Le faux Liard emprisonné à Bordeaux pour un discours prononcé au cours d'une grève de sa corporation (il était peintre en bâtiments) devait être libéré le lendemain.

— Vous vous appelez Courtois ?

— Étrange supposition ! réplique le prisonnier avec une aisance parfaite.

Les magistrats comparèrent avec soin les deux signalements : celui du Liard qu'ils avaient sous la main avec celui du Courtois que, de Paris, leur avait envoyé M. Bertillon. Cet homme illustre avait anthropométré Courtois à diverses reprises et, comme il arrive chaque fois que son système est mis à sérieuse épreuve, l'expérience tourna à sa confusion : les deux signalements différaient formellement. Il ne restait donc qu'à libérer le prisonnier : ce qui fut fait.

Quarante-huit heures après les magistrats reconnurent leur erreur et leur exaspération contre Liard-Courtois, qui les avaient dupés si prestement, en fut accrue. Liard, se croyant désormais à l'abri de toutes suspicions n'avait pas quitté Bordeaux. On l'arrêta. Il fallait maintenant le condamner, et très fortement, pour le punir de s'être moqué de la justice.

Les lois scélérates lui étaient difficilement applicables, puisqu'il se trouvait en prison quand elles furent confectionnées. Après force recherches et hésitations, on décida de le poursuivre pour faux en écritures publiques.

Les motifs allégués pour légitimer cette accusation furent naturellement spécieux : alors qu'il était incarcéré sous le nom de «Liard», Courtois écrivit à son juge d'instruction pour s'informer d'un avocat — et signa «Liard» comme de juste.

Donc, faux en écriture.

A sa sortie de prison, quand on lui rendit ses vêtements et autres objets il en donna décharge sur le livre du greffe, — et signa «Liard» pareillement.

Faux en écriture.

Six chefs d'accusation de même valeur — et il n'en fallut pas davantage pour envoyer Liard-Courtois en cour d'assises. On était en novembre 1894, époque où il suffisait d'être soupçonné d'anarchisme pour encourir toutes les sévérités de la loi. Courtois et son avocat eurent beau prouver que dans les signatures incriminées il n'y avait aucun des éléments du faux en écritures publiques, même en s'en tenant à la lettre du Code, qui est formelle et exige pour que le faux soit avéré : premièrement, un préjudice causé ; deuxièmement, l'intention de nuire, chose que la plus insigne mauvaise foi ne pouvait faire ressortir du changement de nom accompli par Courtois.

A quoi l'avocat général répliqua : «L'accusé est anarchiste» et, grâce à ce «tarte à la crème», il se dispensa de montrer la réalité délictueuse de faux en écriture. D'ailleurs, les jurés n'avaient cure de telle démonstration ; il leur suffisait de connaître les convictions de l'accusé. Ils rapportèrent un verdict de culpabilité sans circonstances atténuantes, — ce qui signifiait vingt ans de travaux forcés.

La Cour répugna à si anormale sévérité et prononça cinq ans de travaux forcés.

Au cours de la même audience, comme pour souligner qu'en frappant Courtois, c'était l'anarchiste et non le faussaire qu'on envoyait au bagne, un commerçant, poursuivi pour faux en écritures de commerce était acquitté. Et ces faux, grâce auxquels l'accusé avait encaissé une somme assez importante, étaient avoués, reconnus.

Les victimes légales dont j'ai parlé jusqu'ici furent frappées au cours de la fièvre terroriste de 1894. Depuis l'amnistie qui suivit la chute de Casimir-Perier et l'élection de Félix Faure, il y a en détente, mais détente plus superficielle que réelle.

La caractéristique de cette nouvelle période est l'hypocrisie : la magistrature passe la main à la police. Désormais, il y a peu de procès, c'est trop tapageur. On préfère soumettre les «suspects» à un régime tracassier qui a un résultat aussi efficace que l'emprisonnement: les «suspects» sont réduits sans bruit. Ils ne sont pas jetés au bagne, mais à la misère.

Voici apparaître un policier, le pointeau. Le pointeau a pour mission de passer plusieurs fois par semaine, au domicile de «suspects», plus ou moins anarchistes, dont liste a été dressée. Si encore le pointeau se bornait à visiter leur domicile, le désagrément pourrait n'être pas désastreux. Mais il rend visite aux patrons des «suspects» placés sous sa surveillance, les leur dénonce comme très dangereux et insinue qu'un homme d'ordre, respectueux des institutions républicaines, se doit de ne pas les employer. Neuf fois sur dix, l'employé, l'ouvrier est remercié... Et comme les manœuvres policières dont il est victime se renouvellent, il ne trouve plus de travail.

Bien entendu, aucun texte légal n'autorise pareille inquisition, — qui n'est pas le dernier mot de l'impudence de police. Outre la surveillance minutieuse à laquelle sont soumis les «suspects», des mesures rigoureuses sont prises à leur égard : au moindre événement ils sont mis en état d'arrestation.

Lors du voyage du tsar Alexandre III à Paris, nombreuses furent les arrestations préventives ; d'autre part chaque déplacement de Félix Faure est marqué par quelques rafles. Son récent voyage à Saint-Étienne (il en fut de même que ses précédents déplacements) a occasionné dans la région l'arrestation de nombreux suspects et «l'opinion publique» ne s'en est nullement émue, ce qui pourrait donner à penser que les français se russifient de plus en plus et se façonnent un «état d'âme» très moujik.

Cette surveillance et ces arrestations extra-légales ne sont pas les seules mesures arbitraires dont on ait usé et abusé depuis l'avènement de Félix Faure. Les lois scélérates ont été appliquées, — mais avec un doigté où se marquait le désir de ne pas attirer l'attention. Je me dispense d'énumérer les victimes maintenant libérées ; je n'en citerai que deux, parmi les plus sévèrement frappées : en octobre 1895, à Marseille, pour quelques paroles prononcées en réunion publique et jugées subversives, Octave Jahn était condamné à deux ans de prison ; en juin 1896 pour identique délit, à la salle d'Arras, à Paris, Louis Vivier était condamné à dix-huit mois de prison.

Plus récemment, en septembre 1897, à Milhau (Aveyron) les lois scélérates ont été appliquées dans toute leur rigueur à un propagandiste, Joseph Mouysset qui, outre sa peine principale, un an et un jour de prison, a été condamné à la relégation.

Mouysset s'était adonné avec passion à la propagande anarchiste et, pour y concourir efficacement, s'était improvisé marchand de journaux. «Salutiste» d'un nouveau genre, il ne répugnait pas à l'outrance pour attirer l'attention des indifférents sur les journaux qu'il offrait : il s'accoutra d'une longue blouse rouge et d'un énorme bonnet carré qui servait d'enseigne à ses publications. Son accoutrement lui valut, à Béziers, à Cette, à Marseille plus d'une algarade de la police, aussi des condamnations, variées et minimes, pour refus de circuler, tapage, attroupement des foules et l'inévitable «insulte aux agents».

En avril 1897, il arriva à Milhau et, pour se reposer des fatigues de ce genre de vie, se fit tout de suite embaucher chez un marchand de charbons ; il y resta une couple de jours, juste le temps matériel, pour la police, de le découvrir et de raconter ses antécédents à son employeur. La conséquence de telle démarche ne se fit pas attendre : il fut remercié et il chercha vainement à se replacer. Deux ou trois agents étaient sans répit à ses trousses, marchant sur son ombre ; une telle surveillance, dans la petite ville qu'est Milhau, eut vite signalé à tous le «suspect» et il ne trouva que portes closes.

Un mois après, il vaguait encore à la recherche de travail. C'était la foire aux domestiques : bouviers, valets et autres garçons de louage sont parqués en troupeau dans un coin du forail où ils attendent l'acheteur, qui, rôdaillant autour de chacun, suppute les résistances au labeur.

Mouysset fit honte aux domestiques d'une résignation qui les abaisse au niveau de bêtes de somme. Aussitôt, il fut arrêté par les agents qui ne quittaient pas ses semelles et, pour troubles et cris séditieux, condamné à trois mois de prison. Sa peine terminée, il attendait sa mise en liberté, quand on vint lui annoncer qu'on le gardait, car, à nouveau, il allait être poursuivi pour avoir, dans la prison, chanté une chanson anarchiste.

Mouysset protesta et, ayant le droit de revêtir ses vêtements, refusa d'endosser sa casaque de prisonnier ; pour l'y forcer, le gardien se jeta sur lui et le frappa. Le détenu se défendit et, paraît-il, en se débattant il cassa un carreau et mordit au doigt son agresseur, qui voulait le bâillonner.

La chanson chantée par Mouysset fut qualifiée menées anarchistes, le carreau cassé, bris de clôtures, et l'égratignure du garde-chiourme, coups et blessures.

Ces futilités, à un prisonnier ordinaire, auraient valu une huitaine de jours de cachot. Il en fut autrement pour Mouysset : il passa en police correctionnelle pour «menées anarchistes, bris de clôtures, coups et blessures» et fut condamné à un an et un jour de prison, puis la relégation perpétuelle.

Or, n'oublions pas la date de cette condamnation : fin de 1897. Nous sommes loin de 1894 et il serait puéril d'expliquer telle sévérité par l'écho des bombes venant troubler la sérénité du tribunal. D'ailleurs toute équivoque est impossible : le condamné s'étant pourvu en appel, le tribunal de Montpellier a confirmé le jugement, c'est donc bien l'application pure et simple des lois scélérates.

Je m'en tiendrais là, si je n'avais à attirer l'attention sur deux malheureux que les rigueurs du Code frappèrent antérieurement aux lois de 1893-1894 et qui sont dans toute l'étroitesse du terme, des condamnés politiques, quoique la peine qui les a frappés les classe dans la catégorie des prisonniers de droit commun.

Ce sont: Ernest Grangé, actuellement au bagne de la Nouvelle-Calédonie, et Girier-Lorion, actuellement à la Guyane.

Ernest Grangé était «de la classe». Mais, conscrit peu enamouré de militarisme, il devança l'appel et gagna la Belgique. C'était en 1891. Il y resta peu de temps ; le manque de travail et le désir de venir en aide à ses deux très jeunes enfants et à sa compagne, le ramenèrent à Paris, rue Saint-Maur, où la petite famille végétait.

Une dénonciation le fit découvrir peu après. Les gendarmes vinrent l'arrêter, mais Grangé leur brûla la politesse, prit le galop, et se serait peut-être sauvé, si, comme la maréchaussée hurlait à ses chausses, un garçon épicier n'eût cru faire acte héroïque en lui barrant la route.

Pour s'ouvrir passage, Grangé tira au hasard un coup de revolver, qui ne blessa personne. Il fut arrêté quand même, et ce coup de revolver, lâché dans le hourvari d'une course haletante, valait à l'insoumis sa dure condamnation. Son intransigeance anarchiste avait, d'ailleurs, indisposé jurés et magistrats : le verdict eut une saveur de couperet, — pas de circonstances atténuantes.

La Cour atténua..., et prononça : douze ans de travaux forcés et dix ans d'interdiction de séjour.

L'avocat général, M. Roulier, n'avait pas supposé telle rigueur. Il fit appeler Sébastien Faure, qui avait présenté la défense de Grangé, et lui fit part de ses angoisses: «Ce verdict dépasse toutes mes prévisions... Que Grangé signe un recours en grâce et je l'appuierai...»

Sébastien Faure fit observer à M. Roulier combien ces angoisses étaient tardives et, aussi, combien il était illusoire de supposer que Grangé se départirait de son impassibilité pour s'abaisser à un recours en grâce. Cependant, famille et amis s'entremirent en faveur du malheureux. Ce fut en vain. De tragiques événements se déroulèrent qui firent dédaigner toute pitié,... et Grangé est toujours à la Nouvelle-Calédonie, Ce qu'est là-bas son existence, voici :

Veux-tu savoir ce qu'est le bagne ?

Eh bien, mon pauvre ami, le bagne est l'enfer sur la terre, c'est la souffrance physique et morale tout à la fois : c'est la faim au ventre et c'est l'abrutissement ; c'est la déchéance morale et c'est la dégénérescence physique ; c'est plus de sang dans les veines ! c'est plus de cœur sous la peau ! et c'est plus d'intelligence ! En un mot, c'est la perte complète de ce qui fut un homme, — il ne reste plus que la bête.

Et pourtant. le bague n'est plus en 1897 ce que je l'ai trouvé en arrivant ici : en 1892, c'était les coups de trique, pour rien ; les coups de pieds et de poing ; les coups de crosse de revolver — et les balles dans la peau !

Malades, on n'était soigné que par les Canaques, sauvages qui étaient alors les auxiliaires des bourreaux.

Tout ce qu'on a dit à la Chambre des députés, à propos des inquisitions de la Guyane, est au-dessous de la vérité — en ce qui concerne ce qui s'est passé ici. Depuis cela a un peu changé : on ne frappe plus. Mais c'est encore bien triste quand même, La faim torture les hommes et leur fait faire mille bassesses que la plume se refuse à écrire...

Ah ! mon pauvre ami, si tu savais ce que j'ai souffert ! Malade le médecin affirmait que je n'avais rien ; je ne fus pas soigné — le mal partit je ne sais comment... Combien j'en ai vu crever (il n'y a pas d'autre terme !) et combien assassinés lâchement par les surveillants...

Dernièrement, déserteurs et insoumis ont été amnistiés.

Pourquoi Ernest Grangé ne bénéficierait-il pas de cette amnistie ? Son insoumission, il est vrai, se compliqua de voies de fait ; mais il y a plus de six ans qu'il est au bagne et à l'estimation de M. Roulier, dix-huit mois de simple prison eussent très largement payé son anodin coup de revolver.

En tous les cas, condamné politique il l'est sûrement, car je le redis encore : s'il fut si sévèrement frappé, l'affirmation de ses convictions anarchistes en fut cause.

Girier, qui a vingt-huit ans, a passé treize ans en prison ; et sur ces treize ans, il a croupi huit mois en cellule de condamné à mort, attendant chaque matin l'exécution...

Condamné politique, il l'est indiscutablement; mais il ne suffit pas d'établir le fait : sa vie vaut d'être connue, tant elle est douloureuse.

Girier est de Lyon. A treize ans, malheureux dans sa famille, il s'échappe et vague à l'aventure. Dans les rues il rencontre un homme qui lui donne à manger, lui offre un gîte. Il suit l'homme, mais l'abandonne bientôt, car son bienfaiteur a visiblement des intentions louches. Il se cache dans une cave où la police le déniche. Il est conduit au poste. Là, dans la bande de mouchards, le gamin reconnaît «l'homme» — c'était un policier. Mauvaise note pour le petit inculpé : on le condamne à huit jours de prison pour vagabondage et attentat aux mœurs. Les huit jours écoulés, Girier avait beaucoup réfléchi : ce fut un révolté qui sortit de prison.

C'était une époque d'effervescence ; Lyon bouillonnait. En 1883, les réunions se succédaient ; le gosse y va, et ne se borne pas à écouter : il parle ! Et il parle à des foules de deux et trois mille personnes. Ce gamin est écouté, applaudi. Un soir, le commissaire de police, trouvant trop acerbe le discours de Girier, veut imposer silence au petit orateur, qui lui répond vertement. D'où poursuites : insultes à un magistrat dans l'exercice de ses fonctions.

Pareil délit, pour un homme, est tarifé à quelles semaines, — quelques mois de prison au grand maximum.

Pour un enfant, il n'en va pas ainsi (et ceci est une des caractéristiques sociales : toujours la répression est d'autant plus brutale qu'est faible la victime), — Girier est condamné à l'internement dans une maison de correction jusqu'à dix-huit ans. Il avait quatorze ans...

Vers le milieu de 1886, Girier sort de prison. Il a la chance de s'embaucher à Lyon. Un mois ne s'est pas écoulé que la police vient sermonner son patron, lui apprend qu'il occupe un anarchiste et lui conseille de le remercier, — chose qui fut fait. Toujours brouillé avec sa famille, Girier quitte Lyon et, pourchassé par la police, il va de ville en ville, vagabonde dans la région du Rhône, où, au cours de ses pérégrinations, il récolte un an de prison, à la suite d'un discours en réunion publique. Il file alors vers le Nord et, sous le nom de Lorion, trouve à gagner sa vie ; son ardeur propagandiste lui vaut de la part des chefs collectivistes, une animosité sourde.

Au cours d'une manifestation à Roubaix, provoquée par l'enterrement d'un prolétaire qui, après avoir tué le directeur de l'usine Vanoutryve, s'était suicidé, Lorion grimpe sur le mur du cimetière, harangue la foule. Le lendemain, sous l'influence des collectivistes, un journal réactionnaire de Lille, la Dépêche, insinuait que Lorion devait être un agent provocateur. Quelques anarchistes — le calomnié était du nombre — vont le soir même aux bureaux de la Dépêche et, au refus de rectifier, répondent par des voies de fait... Des arrestations furent faites à Roubaix. Lorion qui habitait Armentières, eut le temps de s'esquiver et, quinze jours après, par défaut, il était condamné à une douzaine de mois de prison.

Lorion, faisant peau neuve, alla s'installer au Havre, — sous un nouveau nom ; il s'y croyait en sûreté quand l'organe collectiviste de Lille, le Cri du Travailleur, rédigé par Delory, maire actuel de Lille, le qualifiait catégoriquement de mouchard et dénonçait son refuge, Le Havre. Sur quoi, oubliant toute prudence, Girier-Lorion prit le train pour Roubaix et organisa une réunion publique, convoquant ses dénonciateurs à de franches explications.

La veille de la réunion, la police découvrit son domicile et vint pour l'arrêter. Que faire ? Se laisser prendre, c'était accréditer les calomnies . Les collectivistes n'auraient pas manquer de conclure à une comédie combinée pour tirer Lotion d'un mauvais pas. Désireux d'éviter pareille interprétation, Lorion reçut les policiers à coups de revolver : il en blessa un, bouscula l'autre qui roula dans l'escalier et, l'enjambant, il galopa vers la frontière, peu éloignée. Les policiers lui firent la chasse, criant: «A l'assassin !... Il a tué sa femme !...» Il fut rattrapé à quelques centaines de mètres de la frontière.

Quelques semaines après, Lorion-Girier passait aux assises et était condamné pour blessures aux agents à dix ans de travaux forcés.

Un peu plus tard on apprenait d'où était partie la dénonciation portée contre Lorion dans le Cri du Travailleur : en une réunion tenue à Lille (en décembre 1891), M. Delory dut avouer qu'il n'avait d'autre preuve des accointances policières de Lorion qu'une carte postale, mise à la poste de Bruxelles et signée «Boisluisant» — un individu qu'il avoua ne pas connaître. A cette même réunion, Delory dut avouer encore qu'il avait reçu une nouvelle lettre du «Boisluisant» dons laquelle ce personnage déclarait s'être trompé sur le compte de Lorion-Girier, regrettait de l'avoir accusé à tort et demandait qu'on insérât la rectification dans le Cri du Travailleur.

Ce qui ne fut pas fait.

Lorion fut embarqué à destination de Cayenne. En 1894, il eut la chance d'échapper au massacre des prisonniers anarchistes, — qualifié de «révolté» par l'administration pénitententiaire, — mais il n'en fut pas quitte ainsi : sous l'accusation d'être un des fauteurs de la révolte, il fut traduit en conseil de guerre et condamné à mort. Pendant huit mois, dans un cachot, il attend l'exécution. Enfin, au bout de huit mois, sa grâce arrive, — si on peut qualifier «grâce» ce supplice : cinq ans de réclusion cellulaire.

La réclusion cellulaire, c'est toujours la mort — mais plus affreuse que par la guillotine. Et depuis deux ans, Lorion-Girier endure ce supplice. Dernièrement, une note officielle le déclarait fou... Il est toujours au bagne. Ce malheureux, frappé pour ses convictions, victime de sectaires ombrageux autant que du Code, n'est-il pas un prisonnier politique ?

Me voici au bout de ma tâche. J'ai voulu dissiper documentairement l'illusion des hommes de bonne foi qui croient les lois d'exception de 1893-1894 inappliquées et inapplicables.

Les victimes sont là.

1. Le malheureux, soldat au moment du procès, fut envoyé en Afrique. Il y est mort... de privations assaisonnées des brutalités coutumières là-bas.

2. Pamphlet anarchiste dijonnais, publié en 1892-93.

3. M. Vidal de Saint-Urbain. qui, dans ce procès, remplit les fonctions du ministère public, a été élu député de Milhau (Aveyron), aux dernières élections.

Émile Pouget

Les Lois Scélérates de 1893-1894

ISBN : 978-1530762514